LIVELLO 2 • A1/A2
1000 parole

MASCHERE A VENEZIA

Alessandro De Giuli • Ciro Massimo Naddeo

Letture Italiano Facile

redazione: Chiara Sandri
progetto grafico e copertina: Lucia Cesarone
impaginazione: Gabriel de Banos
illustrazioni: Ottavia Bruno

A cura di Alessandro De Giuli: da pagina 5 a pagina 18
e da pagina 32 a pagina 34
A cura di Ciro Massimo Naddeo: da pagina 19 a pagina 31
e da pagina 36 a pagina 47

Printed in Italy
ISBN 9788861824027
prima stampa nuova edizione: settembre 2015

ALMA Edizioni
viale dei Cadorna 44
50129 Firenze
alma@almaedizioni.it
www.almaedizioni.it

audio online su
www.almaedizioni.it/italiano-facile

INDICE

PERSONAGGI

Altiero Ranelli

Il direttore

Luca Forti

Colombina

Arlecchino

Brighella

Pantalone

Capitolo I

traccia 1

In un pomeriggio di fine marzo Altiero Ranelli, un giovane giornalista de *Il Gazzettino* di Venezia, entra nell'ufficio del direttore.

– Ho una grande notizia. – grida contento.

Il direttore, un bell'uomo di cinquant'anni, alza la testa e guarda il ragazzo:

– Buongiorno, Altiero. Cosa succede?
– Ricorda Arlecchino e Pantalone?
– Certo, li ricordo bene. Tutta Venezia nelle ultime settimane ha parlato di loro. Ma tu, perché non stai scrivendo il tuo articolo sul Festival del Cinema?
– Perché ho scoperto una cosa importante.

Mentre parla, Altiero gira velocemente intorno al tavolo e va davanti al computer:

– Io non ho mai pensato ad Arlecchino e Pantalone. – dice – Scrivo di cinema; la cronaca nera non m'interessa. Ieri, però, sui nostri computer sono arrivate delle lettere private. Guardi: qui dentro c'è tutta la verità su Pantalone e Arlecchino.

Il direttore legge dal computer:

– "Lettera di Colombina ad Arlecchino". E chi è questa Colombina?
– La figlia di Pantalone.

note ◂

ufficio • stanza di lavoro *Nel mio ufficio ci sono tre telefoni e due computer.*
articolo • parte del giornale *Sul giornale di oggi ho letto un articolo molto interessante sulla politica italiana.*
cronaca nera • gli articoli del giornale che parlano di morti e di fatti violenti *Nelle pagine di cronaca nera ci sono sempre delle brutte notizie.*

LETTERA DI COLOMBINA AD ARLECCHINO
Venezia, 3 marzo

Arlecchino, che brutta storia! Sto diventando pazza, non so più cosa pensare: davvero hai ucciso mio padre? È tutto così strano. Solo due giorni fa ti ho visto felice. Mi ricordo quando, all'inizio della festa di carnevale, hai cominciato a parlare di musica e di pittura e a leggere poesie. Sei stato bravissimo. È sempre così quando parli di arte, della tua arte: diventi un dio. Cosa è successo dopo? Ti ho visto insieme al signor Brighella: di cosa avete parlato?
Io sono andata a ballare. Non ricordo un altro carnevale con tante persone e, soprattutto, con una musica così bella. Verso mezzanotte, senza un motivo, la musica è finita e un amico mi ha chiamato. Non dimenticherò mai la sua faccia e le sue parole: "Tuo padre è morto", mi ha detto. Io non ho chiesto niente: sono andata subito nell'ufficio di papà, ma non ho trovato nessuno. Per un momento ho pensato ad un brutto scherzo. Poi tutti hanno cominciato a ripetere le stesse parole – "Pantalone è morto, Pantalone è morto" – e la festa è diventata un funerale. Senza capire, ho seguito la gente. Così sono arrivata nella tua camera. Là, su una sedia, con le braccia aperte, la testa all'indietro e quel terribile tagliacarte nel cuore, ho trovato mio padre morto.
Vicino a lui ho visto anche te: mi hai guardato negli occhi e poi, senza dire una parola, veloce come un gatto sei andato via. Da quel momento tutta Venezia dice che tu hai ucciso Pantalone. Io so che non può essere vero: ma allora, chi è stato? E chi ha portato il corpo di papà nella tua camera?

Scrivi presto, ho bisogno di una delle tue bellissime lettere.
Voglio sapere dove sei e come stai.

Ti amo,
Colombina

fai gli ESERCIZI
vai a pagina 36

▸ note

hai ucciso (inf. uccidere) • hai tolto la vita, hai dato la morte.

scherzo • gioco simpatico e umoristico.

funerale • la cerimonia di saluto ai morti *La nonna di Andrea è morta e ieri io sono andato al suo funerale.*

tagliacarte • coltello per aprire le lettere.

Capitolo II

traccia 2

Il direttore ha finito di leggere e ora guarda Altiero con curiosità:

– Perché mi hai chiesto di guardare questa lettera? A me le storie d'amore non interessano.
– Ma direttore, Lei sa bene che Pantalone è stato un grande banchiere e che la sua banca è molto importante a Venezia.
– È vero, Altiero. Questa Colombina però non parla certo di banche e di affari.
– Ha ragione, ma ho trovato molte altre lettere; e non tutte parlano d'amore. Guardi questa, per esempio: dice cose molto interessanti su quella morte!
– Senti Altiero, ho molto da fare. Se tu pensi di conoscere la verità sulla morte di Pantalone, scrivi un articolo. Adesso, però, vai a lavorare per piacere...

Su Venezia comincia a piovere. Il direttore de *Il Gazzettino* chiude la finestra e risponde al telefono.

– Una buona notizia: – dice quando riattacca – non dovrò incontrare il Presidente oggi pomeriggio. Meglio così, non mi piace uscire quando piove...
– Allora ha qualche minuto per me e può vedere quest'altra lettera!

Il direttore non risponde, guarda a lungo il suo giovane giornalista:

– D'accordo. – dice alla fine – Leggiamo ancora un po'.

note

riattacca (inf. riattaccare) • attacca di nuovo *Quando finisce la telefonata, Mario riattacca il telefono.*

LETTERA DI ARLECCHINO A COLOMBINA
Venezia, 6 marzo

Carissima Colombina,
grazie per la tua lettera, l'ho letta con molto piacere. Qui sono sempre solo: in questi ultimi giorni ho parlato soltanto con il mio avvocato, per telefono. Non ti posso dire dove sono perché ho molta paura della polizia. Ho avuto paura anche di te e per questo non ti ho scritto subito. Devi capire: tutti i giornali dicono che ho ucciso tuo padre. Perché? Perché hanno trovato il suo corpo in camera mia? Ma io non ho mai avuto problemi con Pantalone. Lui mi ha sempre aiutato molto: per anni ha comprato i miei quadri e ha trovato i soldi per le esposizioni dei miei lavori. Mi ha anche dato una grande camera in casa vostra per vivere e lavorare e così, per due anni, ho abitato con voi. Insomma, per me tuo padre è sempre stato un grande amico.

Ho bisogno di pace per pensare. Devo trovare la forza per uscire da questa situazione, voglio capire chi ha portato Pantalone in camera mia e poi spiegare alla polizia che io non ho ucciso nessuno.

Ti devo dire un'altra cosa: sono senza una lira. È anche per questo che ti scrivo. Ricordi il mio ultimo quadro? È un tuo ritratto e so che ti piace molto, ma io ho bisogno di soldi e lo devo assolutamente vendere.
Mi puoi aiutare? Brighella, il ricco uomo d'affari amico di tuo padre, è molto interessato a quel lavoro. Oggi gli scriverò per sapere se lo vuole comprare e gli dirò di parlare con te. Il quadro infatti è ancora a casa tua, nella mia camera.

Tu come stai? Mi manchi, mi mancano le tue parole e il tuo amore. Questa brutta avventura deve finire presto, ti voglio vedere e abbracciare.

Un bacio,
Arlecchino

note

avvocato • uomo di legge *Perry Mason è un grande avvocato.*
esposizioni • esibizioni, mostre *Questa settimana ho visto le esposizioni di tre artisti famosi: Picasso, Raffaello e Gaugin.*
sono senza una lira • non ho soldi. La lira è stata la moneta ufficiale italiana fino al 2001, anno in cui è stata sostituita dall'euro.
ritratto • disegno di una faccia *La Gioconda di Leonardo da Vinci è il ritratto di una donna.*
abbracciare • prendere tra le braccia, stringere con amore *Ho visto la mamma abbracciare il suo bambino.*

LETTERA DI ARLECCHINO A BRIGHELLA
Venezia, 6 marzo

Egregio signor Brighella,
La conosco da molto tempo. Anche Lei infatti è stato un grande amico di Pantalone.
Ora, come sa, la mia situazione è molto difficile: la polizia mi sta cercando e, se non voglio andare in prigione, devo stare lontano da tutto e da tutti.

Qualche sera prima della festa di carnevale, Lei è venuto a casa nostra per parlare d'affari con Pantalone. Poi, prima di andare via, è entrato in camera mia per vedere il ritratto di Colombina: lo ricorda? Se non sbaglio, quel quadro Le è piaciuto molto.

In questo momento ho un grande bisogno di soldi e devo assolutamente vendere. Se è interessato a comprare, può parlare con Colombina. Il quadro infatti è ancora a casa di Pantalone.

Non ho molte altre cose da dire. Resto chiuso in questo posto tutto il giorno e non parlo con nessuno.

Aspetto Sue notizie,
Arlecchino

▸ note

prigione • il posto dove stanno i criminali.

LETTERA DI BRIGHELLA A COLOMBINA
Venezia, 9 marzo

Cara Colombina,
come stai? Sono stato molto amico di Pantalone: per anni la sua banca mi ha aiutato negli affari e oggi, in questo momento così difficile, sento di dover fare qualcosa per te. Ho molto lavoro, ma tu mi puoi chiamare quando vuoi, cercherò di essere un secondo padre.

Qualche giorno fa ho ricevuto una lettera da Arlecchino. Non conosco molto bene quell'uomo, ma so che quando parla di arte dice cose veramente interessanti. Anche i suoi lavori mi sembrano molto belli. Certamente è un grande artista!

Nella sua lettera, Arlecchino scrive di voler vendere il tuo ritratto. Ho visto quel quadro e mi piace molto; ma io, lo posso comprare? Posso dare dei soldi all'assassino del mio amico Pantalone?

Devi sapere che alla festa di carnevale, poco dopo le dieci, ho visto Arlecchino entrare nella sua camera con Pantalone; e i medici dicono che tuo padre è morto proprio tra le dieci e le undici. Non solo: più tardi ho incontrato Arlecchino nel salone della festa; gli ho chiesto di salire nella sua camera per vedere di nuovo il quadro, ma lui non ha voluto. Capisci?

Non ho mai parlato con nessuno di questo, anche perché conosco i tuoi sentimenti per quell'uomo; ma adesso, cosa devo fare? Devo andare alla polizia? Se vuoi, posso venire da te per parlare ancora di quella sera.

Per ora ti abbraccio e a presto,
Brighella

fai gli ESERCIZI
vai a pagina 38

note

assassino • persona che ha ucciso, killer
sentimenti • passioni, emozioni *Conosco i tuoi sentimenti: tu ami Giorgio.*

Capitolo III

traccia 3

– Allora Altiero, cosa c'è di nuovo in queste lettere? È chiaro che Arlecchino è l'assassino di Pantalone.
– Non è così, sono sicuro che la verità è un'altra. Arlecchino non ha ucciso nessuno. Noi sappiamo che...
– Aspetta un momento, prima ho bisogno di un caffè. Quando piove ho sempre sonno. Lo vuoi anche tu?
– Va bene, ma mi lasci finire. Dunque... Dove sono arrivato? Ah, sì: noi sappiamo che, poco dopo le dieci, Arlecchino è entrato nella sua camera con Pantalone, poi è andato alla festa e ha incontrato Brighella.
– Questo è chiaro. – dice il direttore mentre prende il telefono per ordinare i caffè al bar – Ma perché dici che Arlecchino non è l'assassino?
– Per capire deve leggere le altre lettere.
– Sono molte?
– No, Le prometto che per l'ora di cena Lei sarà a casa.
– Va bene, le leggerò... Allora, questo caffè: come lo vuoi?
– Ristretto, grazie.

▸ note

prometto (inf. promettere) • garantisco, assicuro *Va bene, prometto che da domani sarò più buono.*
ristretto • corto, con poca acqua, concentrato *A Mario piace il caffè forte, lo beve sempre ristretto.*

IL GAZZETTINO

LETTERA DI COLOMBINA AD ARLECCHINO

Venezia, 14 marzo

Caro Arlecchino,
come va? Io non riesco ancora a fare niente, il dolore per la morte di papà e per la tua situazione è fortissimo: sto quasi sempre in casa e vedo poca gente.

Ieri è venuto Brighella. Quell'uomo non mi piace, dice di essere mio amico ma in realtà lui pensa solo a se stesso. Infatti, quando è arrivato, ha voluto subito vedere il tuo quadro: ha chiesto il prezzo e poi, in meno di mezz'ora, lo ha comprato ed è andato via; davvero un grande amico!

Mi ha detto solo una cosa: che tu hai ucciso mio padre. Mi ha raccontato che poco dopo le dieci ti ha visto entrare con papà nella tua camera; e che più tardi, quando ti ha incontrato nel salone e ti ha chiesto di salire da te per vedere il quadro, tu non hai voluto. Per questo è sicuro che tu sei l'assassino.
Invece io sono sicura che l'assassino è Brighella. Infatti, poco prima delle undici, l'ho visto andare nell'ufficio di mio padre. Se è vero, come dicono i medici, che papà è morto tra le dieci e le undici, allora lo ha ucciso lui. Per quale ragione? Non lo so, forse per soldi.

Quando starò meglio andrò alla polizia a raccontare la verità, ora però non ho la forza per fare niente.

Scrivi presto,
ti amo,
Colombina

P.S. I soldi del quadro li porterò domani al tuo avvocato.

▸ note

dolore • male, sofferenza *La guerra porta molto dolore.*

LETTERA DI ARLECCHINO A COLOMBINA
Venezia, 18 marzo

Cara Colombina,
leggo che sei ancora molto triste. Devi avere coraggio: sono sicuro che in poche settimane scopriremo la verità sulla morte di tuo padre. Vedrai che presto tutta questa storia finirà.
Io non sto troppo male: oggi il mio avvocato mi ha portato i soldi di Brighella e così ho risolto una parte dei miei problemi.

Ho pensato molto alla tua ultima lettera e, per spiegare meglio le cose, ti voglio raccontare come ho passato la sera di carnevale.
Brighella ti ha detto che all'inizio della festa, poco dopo le dieci, io e tuo padre siamo andati nella mia camera. È vero, ma siamo rimasti là solo qualche minuto, poi lui è tornato nel suo ufficio e io sono sceso alla festa. Tu mi hai visto: ho ballato, ho letto poesie e ho parlato un po' con tutti, anche con Brighella. Su questo nostro incontro però Brighella non dice la verità: lui non mi ha mai chiesto di vedere di nuovo il quadro. È vero il contrario: io l'ho invitato a salire in camera mia, ma lui mi ha detto di avere un appuntamento importante e, poco prima delle undici, mi ha lasciato. Sappiamo che è andato da tuo padre. Infatti, proprio a quell'ora, tu l'hai visto entrare nel suo ufficio e per questo sei sicura che lui è l'assassino.

Ma io mi chiedo: se l'ha ucciso, perché l'ha fatto? Per i soldi, tu dici. Certo, Brighella è un uomo d'affari e forse ha capito di non poter pagare i suoi debiti con la banca di tuo padre. Pantalone però lo ha sempre aiutato, perciò la tua idea mi sembra poco probabile. E poi, se Brighella ha ucciso tuo padre nell'ufficio, perché hanno trovato il suo corpo in camera mia? Voglio pensare ancora a tutto questo, certamente qui il tempo non mi manca.

Un abbraccio,
Arlecchino

note

coraggio • il contrario della paura, forza
ho risolto (inf. risolvere) • ho trovato la soluzione.
debiti • i soldi dovuti a qualcun altro *Mario deve lavorare 12 ore al giorno per pagare i suoi debiti con la banca.*

LETTERA DI ARLECCHINO A BRIGHELLA
Venezia, 18 marzo

Egregio signor Brighella,
oggi mi sono arrivati i soldi del quadro. La ringrazio molto, ora la mia vita sarà un po' più facile.

Qui sono molto solo e ho bisogno di parlare con qualcuno. Per questo Le chiedo un po' del Suo tempo.

Da quando Pantalone è morto, ho un solo pensiero: l'ha ucciso sua figlia.

Le spiego perché. Come Lei sa, per uccidere Pantalone l'assassino ha usato un tagliacarte. Bene, quel tagliacarte, una bellissima opera veneziana del XVII secolo, l'ho comprato io qualche settimana prima della festa di carnevale.
Mi ricordo che quando Colombina l'ha visto, l'ha preso in mano e ha cominciato a scherzare sulla possibilità di uccidere.
Qualche giorno dopo io e la ragazza abbiamo parlato di Pantalone. Colombina mi ha detto di avere un padre violento ed egoista. Poi ha iniziato a piangere e ha gridato di volere la sua morte. Mi ha anche chiesto un aiuto per uccidere Pantalone. Io naturalmente non ho creduto a quelle parole e ho cercato di cambiare discorso.

Ma adesso, dopo la morte del nostro amico, cosa devo pensare? Se trova un po' di tempo, perché non mi scrive la Sua opinione su tutta questa situazione?

Cordialmente,
Arlecchino

fai gli ESERCIZI
vai a pagina 40

Capitolo IV

traccia 4

– Questi tre sono proprio dei veri amici, – dice il direttore con voce ironica – tutti accusano tutti e alla fine non c'è niente di chiaro.
– Non sono d'accordo. – risponde Altiero – Dopo poche lettere, sappiamo già che ci sono tre possibili assassini: è importante! Non solo: sappiamo anche che Arlecchino, contrariamente a Colombina e a Brighella, non ha mai avuto problemi con Pantalone.
– Veramente questo lo dice solo Arlecchino; e poi tutti hanno visto il morto nella sua camera...
– Ma questo non basta per dire che Arlecchino è un assassino!
– Certo, ma anche le parole di Colombina, una ragazza sola e innamorata, non bastano per accusare Brighella.

La sera scende su Venezia. La pioggia continua a cadere sui canali della città. Sono le sei e mezza.
Qualcuno bussa alla porta: è Luca Forti, giornalista della pagina economica e vecchio amico del direttore.

– Ciao, Luca. Puoi aspettare cinque minuti? Finisco di parlare con Altiero e sono da te. Ti puoi sedere su quella sedia.
– Grazie. – risponde Luca Forti dall'alto dei suoi centonovantasette centimetri – C'è qualche problema? Sono più di due ore che parli con Altiero...

note

ironica • poco seria, umoristica *Perché mi guardi con quella faccia ironica? Cerca di essere più serio.*
accusano (inf. accusare) • incolpano, dicono che sono responsabili di un'azione cattiva *I poliziotti li accusano ma loro non hanno fatto niente di male.*
canali • strade d'acqua, piccoli fiumi *Venezia è una città sull'acqua, le sue strade sono i canali.*
bussa (inf. bussare) • batte sulla porta per chiedere di entrare *Prima di entrare, Mario bussa alla porta di Clara.*
sono da te • arrivo da te, vengo da te *Arrivo subito: fra cinque minuti sono da te.*

– Nessun problema. – dice il ragazzo – Però ho scoperto una cosa molto importante sulla morte di Pantalone.
– Pantalone...? La cosa m'interessa molto: è stato un grande banchiere...
– Allora vieni vicino al computer e leggi queste lettere con noi.

LETTERA DI COLOMBINA AD ARLECCHINO
Venezia, 21 marzo

Ma allora sei pazzo!
Come hai potuto scrivere quelle cose a Brighella? L'ho visto ieri mattina in piazza San Marco; abbiamo bevuto un aperitivo insieme e lui mi ha detto cosa pensi di me.

Bastardo! Come hai potuto parlare a Brighella dei miei problemi con papà? E soprattutto, come hai potuto dire che l'ho ucciso io?

Tutti ti credono un assassino perché hai una storia d'amore con me e, con l'omicidio di Pantalone, hai cercato di diventare "il marito di una ricca signora piena di soldi".

In tutta Venezia solo io ti voglio aiutare e tu... cosa fai? Scrivi a Brighella per dire che io ho ucciso mio padre!

Grazie Arlecchino e a mai più.
Colombina

▸ note

omicidio • uccidere un uomo.

LETTERA DI ARLECCHINO A BRIGHELLA
VENEZIA, 22 marzo

Caro Brighella,
non La capisco: perché ha raccontato tutto a Colombina?

Forse non sa che la ragazza dice che Lei è l'assassino di Pantalone: L'ha vista entrare nell'ufficio del banchiere poco prima delle undici e, secondo i medici, Pantalone è morto proprio tra le dieci e le undici.

Un'altra cosa: Pantalone Le ha sicuramente prestato molti soldi e, normalmente, i debiti sono una buona ragione per uccidere.

Insomma, Le voglio dire di stare attento: per ora tutti mi credono l'assassino ma, se Colombina comincia a parlare con la polizia, per Lei possono nascere molti problemi.

Cordialmente,
Arlecchino

LETTERA DI BRIGHELLA A COLOMBINA
VENEZIA, 23 marzo

Cara Colombina,
ma cosa ti salta in mente? Capisco che, per te, deve essere terribile pensare ad Arlecchino come all'uomo che ha ucciso tuo padre, ma non c'è altra spiegazione.

È vero: la sera di carnevale, verso le undici, sono andato nell'ufficio di Pantalone, però non ho trovato nessuno. Un'ora dopo ho visto tuo padre morto nella camera di Arlecchino. È la verità.

So che non hai mai detto alla polizia che tu mi credi l'assassino. Bene, continua così. Non voglio problemi.

Se vuoi, ci possiamo incontrare di nuovo per cercare di capire cosa è successo quella notte.

Un abbraccio,
Brighella

fai gli ESERCIZI
vai a pagina 42

ha prestato (inf. prestare) • ha dato (momentaneamente) *La banca mi ha prestato centomila euro e così ho potuto comprare una casa nuova.*
ti salta in mente • "saltare in mente" = pensare.

note

Capitolo V

traccia 5

Luca Forti, in piedi dietro alle sedie di Altiero e del direttore, interrompe la lettura:

– Aspettate: Brighella sta parlando della festa di carnevale a casa di Pantalone?
– Bravo Luca! Vedo che sei una persona intelligente. – dice il direttore.
– Le lettere parlano proprio di quella festa. – interviene Altiero – Sto cercando di spiegare al direttore che Arlecchino non è l'assassino di Pantalone.
– Sapete che io sono stato a quella festa? – chiede Luca Forti.
– Veramente?
– Certo, ho anche incontrato il signor Brighella. Lo conosco bene: è uno dei più importanti uomini d'affari di Venezia.
– Hai parlato con lui quella sera? – domanda Altiero.
– No, l'ho solo salutato. Quando l'ho visto mi è sembrato un po' ubriaco... Poi hanno trovato Pantalone morto e tutto è finito. Fino a quel momento ricordo una bellissima festa: bella musica, belle maschere...
– E poi?
– E poi ricordo che Arlecchino è stato simpaticissimo. Per tutta la sera ha letto poesie, parlato di arte e cantato.
– Allora hai conosciuto Arlecchino, l'assassino? – domanda il direttore.
– Non è l'assassino. – ripete ancora una volta Altiero – Continuiamo a leggere.

▸ note

interrompe (inf. interrompere) • ferma, non lascia continuare *Andrea non è simpatico: interrompe sempre chi parla.*
ubriaco • persona che ha bevuto troppo alcool *Sei ubriaco perché hai bevuto tre whisky.*

LETTERA DI BRIGHELLA A COLOMBINA
Venezia, 27 marzo

Cara Colombina,
da qualche giorno sono nervosissimo e non riesco a dormire, le tue idee non mi danno pace.

È vero che ho molti debiti con la banca di Pantalone ed è vero che in questo momento i miei affari non vanno bene.

Certo, qualcuno può anche dire che ho ucciso per i soldi, ma io non l'ho fatto: è stato Arlecchino! Tu lo sai benissimo. Come puoi continuare a difendere quell'uomo? Non hai ancora capito che lui ti accusa di essere l'assassina di tuo padre?

Ieri ho pensato di nuovo a tutta questa storia e ho ricordato una cosa importante. Qualche settimana prima di carnevale, quando Arlecchino mi ha invitato in camera sua a vedere il tuo ritratto, mi ha anche mostrato quel bellissimo tagliacarte del XVII secolo. L'abbiamo guardato con interesse, poi Arlecchino l'ha messo in un cassetto e l'ha chiuso a chiave.

Questo vuol dire che solo lui l'ha potuto usare per uccidere.
Sei d'accordo? Prima di andare a dire alla polizia che io sono un assassino, pensa a tutto questo.

Un abbraccio,
Brighella

note

pace • quiete, calma, il contrario di guerra *Ho avuto molti problemi, adesso ho bisogno di pace.*

ha mostrato (inf. mostrare) • ha esibito, ha lasciato vedere *Mario mi ha mostrato la sua nuova casa.*

cassetto

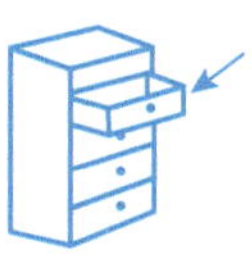

LETTERA DI COLOMBINA A BRIGHELLA
Venezia, 28 marzo

Caro Brighella,
rispondo alla Sua lettera con poche parole.

È certamente vero che, qualche settimana fa, Lei ha potuto vedere il tagliacarte in camera di Arlecchino. L'ho visto anch'io e mi è piaciuto molto.

Deve sapere però che Arlecchino lo ha regalato a mio padre pochi giorni prima di carnevale.
Da quel momento il tagliacarte è rimasto sopra il suo tavolo, in ufficio.

Dunque l'assassino lo ha potuto prendere senza problemi e non ha certo avuto bisogno di chiavi.

Un'ultima cosa: se Lei è sicuro che Arlecchino ha ucciso mio padre, perché ha tanta paura della polizia?

Cordialmente,
Colombina

fai gli ESERCIZI
vai a pagina 43

Capitolo VI

traccia 6

– Io ho capito: l'assassino è sicuramente Brighella!
– Ma cosa dici, Luca? – chiede il direttore – Sei arrivato da mezz'ora e credi già di sapere tutto?

Luca Forti cerca di spiegare:

– Certo: Brighella ha troppa paura. Questo vuol dire che l'assassino è lui.
– Ma no, – interviene Altiero – Arlecchino ha ragione: Brighella è sempre stato amico di Pantalone e ha sempre avuto debiti con lui. Per quale motivo lo ha ucciso proprio adesso?
– È chiaro: per il quadro! Secondo me – continua Luca Forti con voce emozionata – è successo questo: poco prima delle undici, Brighella ha incontrato Pantalone, i due sono usciti dall'ufficio e sono andati in camera di Arlecchino a vedere il ritratto di Colombina. Se ho capito bene, Arlecchino è un grande artista, quindi il quadro deve avere un grande valore. Noi sappiamo che a Brighella quel quadro è piaciuto molto, però sappiamo anche che Arlecchino ha sempre venduto i suoi lavori a Pantalone.
– E allora? – domanda Altiero.
– E allora, secondo me, i due hanno cominciato a discutere e a litigare per il quadro, per fare un buon affare...

Luca Forti resta un momento a pensare, poi continua:

– ...durante la festa Brighella ha certamente bevuto molto. Vi ho detto che quando l'ho visto mi è sembrato ubriaco?
– Sì. – dice Altiero – Quindi, secondo te, durante la discussione sul

▸ note

litigare • discutere con violenza *Ieri ho visto Mario e Andrea litigare e gridare come dei pazzi.*

quadro, Brighella ubriaco ha perso la testa e ha ucciso Pantalone?
– Esatto – risponde Luca Forti.
– È una buona ipotesi, – dice Altiero – ma questo vuol dire che, prima di uccidere, Brighella è dovuto tornare nell'ufficio di Pantalone a prendere il tagliacarte.
– O forse, – continua Luca Forti – il tagliacarte non è mai stato in quell'ufficio e Colombina non dice la verità.
– Bravo Luca, finalmente hai capito. – dice il direttore – Colombina non dice la verità, infatti è lei l'assassina. Alle undici ha incontrato papà ed è andata con lui a vedere l'ultimo quadro del suo amore. Il padre, egoista come sempre, con parole poco gentili ha detto di non essere interessato a quel ritratto. Allora Colombina ha cominciato a piangere e a gridare, poi con le chiavi ha aperto il cassetto di Arlecchino, ha preso il tagliacarte e zac!... Lo ha ucciso. Ed io farò la stessa cosa con te Altiero, se continui a leggere le lettere private di questi tre!

Il direttore prende il cappello, la giacca e l'ombrello. Poi saluta:

– Buonasera, signori. Io vado a cena, arrivederci a domani.

Altiero Ranelli e Luca Forti lo guardano senza dire niente: conoscono il loro direttore e sanno che, in certi momenti, può essere molto strano. Poco dopo cominciano di nuovo a leggere.

note

ha perso la testa • ha perso il controllo, è impazzito *Da quando sua moglie lo ha lasciato, Andrea ha perso la testa.*

LETTERA DI COLOMBINA AD ARLECCHINO E A BRIGHELLA
Venezia, 30 marzo

Carissimi,
vi scrivo con il cuore pieno di emozione. Ieri sera sono entrata nell'ufficio di papà e, per la prima volta nella mia vita, ho guardato le sue carte. Ho visto una busta gialla, l'ho aperta e ho trovato questa lettera.

Cara Colombina, cari amici,
sono vecchio ormai. La situazione è troppo difficile per me e sento di non avere più le forze di un tempo. Qualche anno fa, la mia piccola banca ha prestato molti soldi al Giardini. Lo conoscete tutti molto bene e sapete che Giardini, in poco tempo, è diventato uno dei più grandi capitalisti italiani. Sapete anche che, un mese fa, pieno di debiti, Giardini è fallito. Così io ho perso molti soldi. Per risolvere la situazione, ho pensato di chiedere aiuto alle grandi banche di Milano e Roma. Questa mattina però ho saputo che nessuno mi aiuterà: anch'io devo fallire.
Sono vecchio. La mia piccola banca è stata la mia vita e ho deciso di morire con lei.
Vi chiedo scusa,
Pantalone

▸ note

è fallito (inf. fallire) • è rimasto senza soldi, ha avuto un crack finanziario, ha fatto bancarotta.

LETTERA DI BRIGHELLA A COLOMBINA E AD ARLECCHINO
Venezia, 31 marzo

Carissimi,
la lettera di Pantalone mi ha impressionato molto. A questo punto vi devo dare delle spiegazioni.

Il pomeriggio di carnevale, Pantalone mi ha telefonato per parlare di Giardini e dei problemi con le grandi banche. Durante la telefonata mi ha anche chiesto di pagare subito tutti i miei debiti.

Adesso capisco il perché: Pantalone ha cercato fino all'ultimo momento di salvare la sua banca.

Comunque, alla fine della telefonata mi ha dato un appuntamento per la sera. Alle undici, quando sono arrivato davanti al suo ufficio, ho bussato ma nessuno ha risposto. Ho aperto, sono entrato e ho trovato Pantalone: morto!

Non ho capito più niente. Ho avuto paura della polizia e soprattutto dei miei debiti. Così ho preso Pantalone e l'ho portato in camera di Arlecchino. Poi sono tornato alla festa.

Aiutatemi, ho paura della polizia!
Brighella

fai gli ESERCIZI
vai a pagina 45

note

ha impressionato (inf. impressionare) • ha dato una grande emozione *La morte del mio amico Antonio mi ha impressionato molto.*
salvare • aiutare, togliere dal pericolo *Mario è un bravo medico, è riuscito a salvare la vita di molte persone.*

Epilogo

traccia 7

Luca Forti e Altiero Ranelli sono senza parole.

– Ma tu, – comincia Luca – hai già letto queste ultime lettere o è la prima volta?
– È la prima volta. Guarda la data: Colombina e Brighella hanno scritto oggi, sicuramente nel pomeriggio, perché alle quattro io non ho visto niente.

I due restano di nuovo in silenzio.

– Questo è uno scoop nazionale: la morte di Pantalone è legata al fallimento Giardini.
– Certo, e per Venezia è una notizia importante: da un mese tutta la città parla di Arlecchino e Pantalone. Avanti! Telefoniamo al direttore, deve venire subito qui.

Il giorno dopo sulla prima pagina de *Il Gazzettino* on line...

note

è legata (inf. legare) • è unita con, è collegata *La vita del bambino è legata alla madre.*

Home | Prima pagina | Video | Foto

IL GAZZETTINO *Digital*

IL GAZZETTINO.it

Meteo | Cerca nel sito

Italia Economia Sport Esteri Tecnologia Cultura e Spettacoli Le altre Animali Blog Viaggi Salute Motori Tempo

Arlecchino è innocente

Le grandi banche hanno ucciso Pantalone.
Solo ieri la figlia Colombina ha trovato la lettera d'addio. È stato un suicidio.
Tutto è nato dal fallimento Giardini.

2 Commenti — Condividi

Uomini e soldi

Il direttore

Viviamo in tempi difficili. Il progresso economico e civile della nostra società non è in discussione. Siamo ricchi, le nostre case sono belle ed eleganti, i nostri figli hanno la possibilità di studiare, di fare sport e di vivere felici. Grazie alla democrazia possiamo scegliere liberamente i nostri governi. I mass-media ci portano ogni giorno notizie su mondi e uomini lontani. La scienza e la tecnica crescono con grande velocità eppure... Eppure davanti alla morte, la morte di un uomo ricco e importante come Pantalone, siamo senza risposte. Pantalone è morto solo. Dopo una vita di lavoro per la sua banca, davanti ad una difficoltà, quest'uomo non ha avuto la forza per continuare. Nessuno dei suoi amici – i grandi banchieri, i politici importanti, i ricchi industriali – lo ha potuto o voluto aiutare. Parliamo dell'uomo e non del banchiere. Le banche nascono e muoiono, e nessuno per questo piange o ride. Davanti al fallimento di un uomo invece…

6 Commenti — Condividi

DIVENTA FAN

Il Gazzettino

Mi piace

IL GAZZETTINO
Scrivici su WhatsApp

METEO

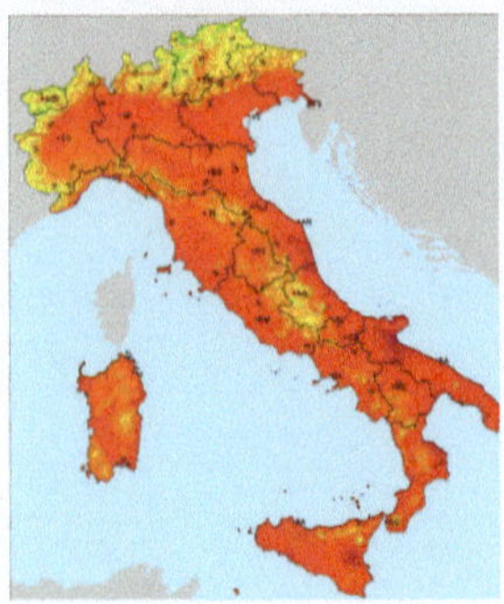

▸ note

addio • saluto *Addio, io parto per sempre.*
suicidio • uccidere se stessi.
eppure • ma, però *Sono stanco eppure non riesco a dormire.*

È morto a carnevale. La verità viene da un computer

Altiero Ranelli

Pantalone è morto un mese fa, durante la notte di carnevale. Fino ad oggi la polizia ha sempre pensato ad un omicidio e ad un colpevole: Arlecchino. Oggi, finalmente, *Il Gazzettino* può presentare ai lettori la verità su quella notte e su quella morte: è stato un suicidio. Pantalone ha deciso di morire per i debiti della sua banca. Il banchiere ha spiegato tutto con una lettera alla figlia Colombina e agli amici.

1 Commento Condividi

L'ultima banca di Venezia

Luca Forti

La Goldon è sicuramente l'ultima banca tutta veneziana. È nata più di duecento anni fa ed è sempre stata un'istituzione molto importante per la nostra città. Anche negli ultimi tempi, questa piccola banca ha usato il suo capitale per aiutare l'economia della città.

4 Commenti Condividi

Lettere d'amore

Laura Bogi

Da che mondo è mondo, gli innamorati hanno comunicato con dolci lettere d'amore. Certamente i cuori dei nostri nonni e delle nostre nonne hanno palpitato davanti a messaggi arrivati per posta o portati da qualche amico. Oggi, nel mondo della tecnologia, altri cuori palpitano e piangono davanti a freddi computer. Internet porta, in pochi secondi, i messaggi dell'amore lontano. Questi messaggi ci dicono che, anche se tutto cambia alla velocità della luce, alcune cose non sono cambiate e mai cambieranno: l'amore, le passioni, i sentimenti…

2 Commenti Condividi

FINE

fai gli ESERCIZI
vai a pagina 47

note

colpevole • responsabile di una cattiva azione *La polizia ha preso il colpevole.*

da che mondo è mondo • da sempre.

hanno palpitato (inf. palpitare) • il loro cuore ha battuto forte, ha avuto una grande emozione.

SCHEDA CULTURALE Le maschere

Da dove vengono i nomi dei personaggi della nostra storia? Arlecchino, Brighella, Pantalone e Colombina sono tipiche maschere italiane, personaggi del teatro popolare del '600 e '700.

Arlecchino *Brighella* *Pantalone* *Colombina*

Nel XVI secolo, quando nascono nel teatro di strada, le maschere non hanno un carattere ben preciso: gli attori recitano le storie, sempre uguali ma divertenti, di amori impossibili, di padri cattivi e di servi a volte stupidi a volte molto furbi. È la Commedia dell'arte.

▸ note

carattere • personalità, caratteristica *Mario ha un bel carattere: ride e gioca con tutti.*
recitano (inf. recitare) • raccontano, parlano di *I bravi attori recitano bene.*
servi • anticamente, i lavoratori di casa *Nel passato i ricchi signori hanno sempre avuto molti servi.*
furbi • intelligenti nella vita pratica *Ci sono due tipi di persone: i furbi e gli stupidi.*

SCHEDA CULTURALE

A partire dalla metà del '700, scrittori come Goldoni cominciano a scrivere, in dialetto veneziano, opere teatrali più interessanti. Il carattere dei personaggi diventa più completo. Arlecchino è il servo povero, non ha mai nulla da mangiare ma è in realtà molto furbo. Anche Brighella è un servo. Pantalone invece è il vecchio ricco e cattivo e Colombina, di solito, lavora in casa sua.

Pulcinella

Queste quattro maschere sono tipiche di Venezia o delle città vicine. In altre regioni d'Italia, il teatro popolare ha maschere diverse. Tipico personaggio della Commedia dell'arte di Napoli è Pulcinella, di Torino è Gianduia, di Milano è Meneghino. Insieme a loro, nei secoli scorsi, sono nati moltissimi altri personaggi meno famosi e ora quasi dimenticati.

Oggi le maschere continuano a vivere soprattutto nei giorni di carnevale, quando i bambini, ma non solo, vestono con i loro costumi. Al nord, Arlecchino è la maschera più amata: il suo vestito è fatto con tanti piccoli pezzi colorati ed è diventato il simbolo della festa e della allegria. Al sud invece, il vestito bianco di Pulcinella è certamente il più popolare.

note

costumi • vestiti.

Come si informano gli italiani?

Anche in Italia ormai molte persone si informano sul web. In Internet infatti è possibile trovare una grande varietà di notizie, dati, immagini, approfondimenti consultando la versione on line dei quotidiani, ma anche i social network, come Facebook e Twitter.

Anche sul web troviamo i grandi quotidiani nazionali, che danno informazioni sulla vita italiana e internazionale. Qui scrivono i giornalisti più famosi e gli intellettuali più importanti. Ricordiamo alcuni titoli: *La Repubblica*, *Il Corriere della Sera*, *La Stampa*, *Il Giornale*.

Il Gazzettino di Venezia è invece un esempio di giornale molto legato a una città, come *Il Messaggero* di Roma, *La Nazione* di Firenze e *Il Mattino* di Napoli.
Questi giornali riportano soprattutto notizie locali e danno informazioni utili per la vita di tutti i giorni: attività, riunioni, feste e spettacoli.

PARLARE

1. Nel tuo Paese esiste un teatro popolare? Quali sono i personaggi più conosciuti?

2. Cosa succede a carnevale nel tuo Paese?

3. Racconta la tua ultima festa.

4. Come ti informi? Leggi i giornali on line? Per tenerti aggiornato utilizzi anche i Social Network?

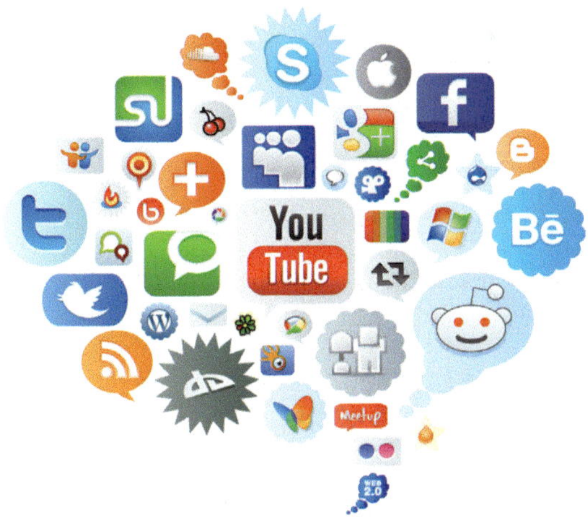

ESERCIZI Capitolo I

1 • Vero o falso?

	V	F
a. Altiero Ranelli è il direttore de *Il Gazzettino* di Venezia.	☐	☐
b. Altiero Ranelli ha trovato delle lettere private sul suo computer.	☐	☐
c. Colombina è la sorella di Pantalone.	☐	☐
d. La sera di carnevale, Colombina e Arlecchino sono andati alla festa.	☐	☐
e. Brighella è morto la sera di carnevale.	☐	☐
f. L'assassino ha ucciso con un tagliacarte.	☐	☐

Le sezioni del giornale

Gli articoli dei giornali sono divisi in sezioni, in base all'argomento trattato:

POLITICA - informazioni sulle decisioni prese dal governo e dal parlamento italiani (POLITICA INTERNA) o da Paesi esteri (POLITICA ESTERA)

ECONOMIA - notizie sugli affari, sulla borsa e sulla finanza

SPORT - notizie su campionati e discipline sportive

SPETTACOLI E CULTURA - notizie sui film, sui festival e sulla musica

CRONACA NERA - notizie su eventi violenti (omicidi, incidenti, catastrofi)

CRONACA ROSA - notizie sulla vita privata di personaggi famosi

2 • Completa la prima parte della lettera di Colombina con il passato prossimo dei verbi.

Arlecchino, che brutta storia! Sto diventando pazza, non so più cosa pensare: davvero (*tu-uccidere*) ____________________ mio padre? È tutto così strano. Solo due giorni fa ti (*vedere*) ____________________ felice. Mi ricordo quando, all'inizio della festa di carnevale, (*cominciare*) ____________________ a parlare di musica e di pittura e a leggere poesie. (*Essere*) ____________________ bravissimo. È sempre così quando parli di arte, della tua arte.: diventi un dio. Cosa (*succedere*) ____________________ dopo? Ti (*vedere*) ____________________ insieme al signor Brighella: di cosa (*voi-parlare*) ____________________?
Io (*andare*) ____________________ a ballare. Non ricordo un altro carnevale con tante persone e, soprattutto, con una musica così bella.

3 • Completa la seconda parte delle lettera di Colombina con le espressioni della lista.

mai	niente	poi	senza
subito	un momento	verso	

____________________ mezzanotte, ____________________ un motivo, la musica è finita e un amico mi ha chiamato. Non dimenticherò ____________________ la sua faccia e le sue parole: "Tuo padre è morto" mi ha detto. Io non ho chiesto ____________________: sono andata ____________________ nell'ufficio di papà, ma non ho trovato nessuno. Per ____________________ ho pensato ad un brutto scherzo. ____________________ tutti hanno cominciato a ripetere le stesse parole – "Pantalone è morto, Pantalone è morto" – e la festa è diventata un funerale.

4 • Completa la parte finale della lettera di Colombina con le preposizioni semplici o articolate.

Senza capire, ho seguito la gente. Così sono arrivata __________ tua camera. Là, __________ una sedia, __________ le braccia aperte, la testa __________ indietro e quel terribile tagliacarte __________ cuore, ho trovato mio padre morto.
Vicino __________ lui ho visto anche te: mi hai guardato __________ occhi e poi, senza dire una parola, veloce come un gatto sei andato via. __________ quel momento tutta Venezia dice che tu hai ucciso Pantalone. Io so che non può essere vero: ma allora, chi è stato? E chi ha portato il corpo __________ papà __________ tua camera?
Scrivi presto, ho bisogno __________ una __________ tue bellissime lettere. Voglio sapere dove sei e come stai.

Ti amo,
Colombina

ESERCIZI Capitolo II

1 • Vero o falso?

	V	F
a. Pantalone è stato un grande banchiere milanese.	☐	☐
b. A Venezia c'è il sole.	☐	☐
c. Arlecchino è in un posto segreto.	☐	☐
d. Arlecchino vuole vendere a Brighella il ritratto di Colombina.	☐	☐
e. Pantalone è morto verso mezzanotte.	☐	☐
f. Brighella, verso le dieci, ha visto Arlecchino andare nell'ufficio di Pantalone.	☐	☐

2 • Scrivi le parole della lista al posto giusto, come nell'esempio.

bocca	capelli	collo	mento
naso	occhio	orecchio	~~sopracciglio~~

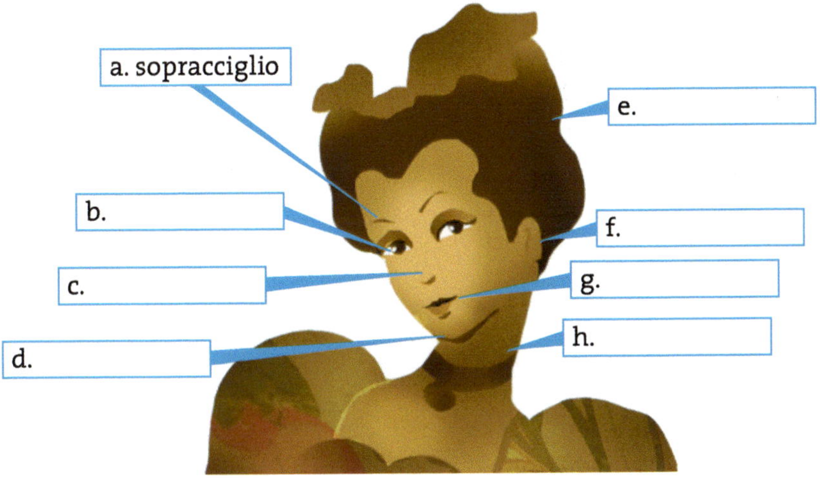

Tu o Lei?

In italiano l'uso del registro informale (Tu) o formale (Lei) dipende dall'età delle persone che parlano e dal rapporto che hanno.

Di solito con persone che conosciamo usiamo il Tu, mentre usiamo il Lei con le persone che non conosciamo.

A volte una persona usa il registro informale e l'altra il registro formale, per esempio il direttore del giornale *Il Gazzettino* dà del Tu ad Altiero, ma Altiero dà del Lei al direttore. Questo dipende dalla differenza di ruolo nel lavoro.

I ragazzi usano il Lei quando parlano con adulti estranei, ma usano il Tu con i giovani.

ESERCIZI Capitolo III

1 • Vero o falso?

	V	F
a. Secondo Altiero Ranelli, Arlecchino ha ucciso Pantalone.	☐	☐
b. Il direttore ordina i caffè per telefono.	☐	☐
c. Colombina ha visto Brighella andare da Pantalone poco prima delle undici.	☐	☐
d. Secondo Arlecchino, Brighella ha sicuramente ucciso Pantalone per i debiti.	☐	☐
e. Arlecchino accusa Colombina.	☐	☐

2 • Completa la lettera di Colombina con le parole della lista.

amico	casa	cosa	dolore	gente	morte
ora	padre	prezzo	quadro	situazione	uomo

Caro Arlecchino, come va? Io non riesco ancora a fare niente, il ______________ per la ______________ di papà e per la tua ______________ è fortissimo: sto quasi sempre in ______________ e vedo poca ______________ . Ieri è venuto Brighella. Quell'______________ non mi piace, dice di essere mio ______________ ma in realtà lui pensa solo a se stesso. Infatti, quando è arrivato, ha voluto subito vedere il tuo ______________ : ha chiesto il ______________ e poi, in meno di mezz'______________ , lo ha comprato ed è andato via; davvero un grande amico! Mi ha detto solo una ______________ : che tu hai ucciso mio ______________.

Il caffè

In molti uffici c'è l'abitudine di ordinare il caffè al bar, per telefono.

Il caffè può essere: semplice, macchiato (con un po' di latte caldo), corretto (con un alcolico), ristretto (molto piccolo), lungo (con molta acqua), ecc.

Se ti piace il caffè puoi gustarlo anche a casa con la moka (una caffettiera tipica per l'espresso inventata nel 1933)!

3 • Scrivi l'orario giusto sotto ogni orologio, come nell'esempio.

a. Sono le cinque.

b. ____________________

c. ____________________

d. ____________________

ESERCIZI Capitolo IV

1 • Vero o falso?

	V	F
a. Luca Forti lavora in polizia.	☐	☐
b. A Luca Forti interessa molto la storia di Pantalone.	☐	☐
c. Colombina è molto soddisfatta di Arlecchino.	☐	☐
d. Arlecchino è sicuro che Brighella ha molti debiti.	☐	☐
e. Brighella dice che Colombina è un'assassina.	☐	☐

2 • Riscrivi la lettera al formale, come nell'esempio.

Caro Brighella, non ti capisco: perché hai raccontato tutto a Colombina? Forse non sai che la ragazza dice che tu sei l'assassino di Pantalone: ti ha visto entrare nell'ufficio del banchiere poco prima delle undici e, secondo i medici, Pantalone è morto proprio tra le dieci e le undici. Un'altra cosa: Pantalone ti ha sicuramente prestato molti soldi e, normalmente, i debiti sono una buona ragione per uccidere. Insomma, ti voglio dire di stare attento: per ora tutti mi credono l'assassino ma, se Colombina comincia a parlare con la polizia, per te possono nascere molti problemi.

Arlecchino

Caro Brighella, non La capisco:

ESERCIZI Capitolo V

1 • Vero o falso?

	V	F
a. Il direttore è stato alla festa di carnevale.	☐	☐
b. A Luca Forti, Brighella è sembrato ubriaco.	☐	☐
c. Arlecchino ha chiuso il tagliacarte in un armadio.	☐	☐
d. Poco prima della festa di carnevale, Arlecchino ha regalato il tagliacarte a Pantalone.	☐	☐

2 • Completa la prima parte della lettera di Brighella con il presente dei verbi della lista (non sono in ordine).

dare	avere	potere	andare
riuscire	sapere	essere	potere

Cara Colombina, da qualche giorno __________ nervosissimo e non __________ a dormire, le tue idee non mi __________ pace. È vero che __________ molti debiti con la banca di Pantalone ed è vero che in questo momento i miei affari non __________ bene. Certo, qualcuno __________ anche dire che ho ucciso per i soldi, ma io non l'ho fatto: è stato Arlecchino! Tu lo __________ benissimo. Come __________ continuare a difendere quell'uomo? Non hai ancora capito che lui ti accusa di essere l'assassina di tuo padre?

3 • Completa la seconda parte della lettera di Brighella con il passato prossimo dei verbi.

Ieri (*io-pensare*) ____________________ di nuovo a tutta questa storia e (*ricordare*) ____________________ una cosa importante. Qualche settimana prima di carnevale, quando Arlecchino mi (*invitare*) ____________________ in camera sua a vedere il tuo ritratto, mi (*mostrare*) ____________________ anche quel bellissimo tagliacarte del XVII secolo. Lo (*noi-guardare*) ____________________ con interesse, poi Arlecchino lo (*mettere*) ____________________ in un cassetto e lo (*chiudere*) ____________________ a chiave. Questo vuol dire che solo lui lo (*potere*) ____________________ usare per uccidere. Sei d'accordo? Prima di andare a dire alla polizia che io sono un assassino, pensa a tutto questo.

4 • Scegli la parola giusta.

LETTERA DI COLOMBINA A BRIGHELLA
Venezia, 28 marzo

Caro Brighella, rispondo alla **Sua/Tua/Mia** lettera con poche parole. È certamente vero che, qualche settimana fa, **Lei/Lui/Tu** ha potuto vedere il tagliacarte in camera di Arlecchino. **La/Ti/L'**ho visto anch'io e **mi/ti/ci** è piaciuto molto. Deve sapere però che Arlecchino **la/lo/gli** ha regalato a mio padre pochi giorni prima di carnevale. Da quel momento il tagliacarte è rimasto sopra il suo tavolo, in ufficio. Dunque l'assassino **la/lo/gli** ha potuto prendere senza problemi e non ha certo avuto bisogno di chiavi. Un'ultima cosa: se **Lei/Lui/Tu** è sicuro che Arlecchino ha ucciso mio padre, perché ha tanta paura della polizia?

Cordialmente,
Colombina

ESERCIZI Capitolo VI

1 • Vero o falso?

	V	F
a. Secondo Luca Forti, Brighella e Pantalone hanno litigato per il quadro di Arlecchino.	☐	☐
b. Il direttore dice che Colombina ha ucciso Pantalone.	☐	☐
c. Giardini ha prestato molti soldi a Pantalone.	☐	☐
d. Brighella ha ucciso Pantalone e poi lo ha portato nella camera di Arlecchino.	☐	☐

2 • Completa la lettera di Pantalone con le parole della lista.

bene	così	fa	mese	più
poco	questa	tempo	troppo	

Cara Colombina, cari amici, sono vecchio ormai. La situazione è __________ difficile per me e sento di non avere più le forze di un __________ . Qualche anno __________ , la mia piccola banca ha prestato molti soldi al Giardini. Lo conoscete tutti molto __________ e sapete che Giardini, in __________ tempo, è diventato uno dei __________ grandi capitalisti italiani. Sapete anche che, un __________ fa, pieno di debiti, Giardini è fallito. __________ io ho perso molti soldi. Per risolvere la situazione, ho pensato di chiedere aiuto alle grandi banche di Milano e Roma. __________ mattina ho saputo che nessuno mi aiuterà: anche io devo fallire. Sono vecchio. La mia piccola banca è stata la mia vita e ho deciso di morire con lei.

Vi chiedo scusa,
Pantalone

3 • Completa la lettera di Brighella con i verbi al passato prossimo.

Carissimi, la lettera di Pantalone mi (*impressionare*) __________________ molto. A questo punto vi devo dare delle spiegazioni. Il pomeriggio di carnevale, Pantalone mi (*telefonare*) __________________ per parlare di Giardini e dei problemi con le grandi banche. Durante la telefonata mi (*chiedere*) __________________ di pagare subito tutti i miei debiti. Adesso capisco il perché: Pantalone (*cercare*) __________________ fino all'ultimo momento di salvare la sua banca. Comunque, alla fine della telefonata mi (*dare*) __________________ un appuntamento per la sera. Alle undici, quando (*arrivare*) __________________ davanti al suo ufficio, (*bussare*) __________________ ma nessuno (*rispondere*) __________________. (*Aprire*) __________________, (*entrare*) __________________ e (*trovare*) __________________ Pantalone: morto! Non (*capire*) __________________ più niente. (*Avere*) __________________ paura della polizia e soprattutto dei miei debiti. Così (*prendere*) __________________ Pantalone e lo (*portare*) __________________ in camera di Arlecchino. Poi (*tornare*) __________________ alla festa. Aiutatemi, ho paura della polizia!

Brighella

Carnevale in Italia

Da nord a sud, a febbraio, ogni città è invasa da maschere, coriandoli, luci e colori che creano un'atmosfera di festa unica. Il più antico carnevale d'Italia si svolge, fin dal 1500, a Foiano della Chiana in Toscana. Nella stessa regione va ricordato il carnevale di Viareggio, famoso per la sfilata dei carri allegorici, con le statue di cartapesta che rappresentano protagonisti della storia, della fantasia, ma soprattutto della politica.

Ma sicuramente l'evento più noto è il carnevale di Venezia, con le sue eleganti maschere che affollano ogni angolo della città.

ESERCIZI Epilogo

1 • Vero o falso?

		V	F
a.	Il direttore scrive che la nostra è una società povera.	☐	☐
b.	Pantalone si è suicidato.	☐	☐
c.	La banca di Pantalone è nata da pochi anni.	☐	☐
d.	Da che mondo è mondo i cuori palpitano per i biglietti d'amore.	☐	☐

2 • Completa il testo con il contrario degli aggettivi, come nell'esempio.

Uomini e soldi

Il direttore

Viviamo in tempi (*facili*) difficili. Il progresso economico e civile della nostra società non è in discussione. Siamo (*poveri*) __________, le nostre case sono (*brutte*) __________ ed eleganti, i nostri figli hanno la possibilità di studiare, di fare sport e di vivere (*tristi*) __________. Grazie alla democrazia possiamo scegliere liberamente i nostri governi. I mass-media ci portano ogni giorno notizie su mondi e uomini (*vicini*) __________. La scienza e la tecnica crescono con (*piccola*) __________ velocità eppure... Eppure davanti alla morte, la morte di un uomo (*povero*) __________ e importante come Pantalone, siamo senza risposte.

Pantalone è morto solo. Dopo una vita di lavoro per la sua banca, davanti ad una difficoltà, quest'uomo non ha avuto la forza per continuare. Nessuno dei suoi amici – i (*piccoli*) __________ banchieri, i politici importanti, i (*poveri*) __________ industriali – lo ha potuto o voluto aiutare. Parliamo dell'uomo e non del banchiere. Le banche nascono e muoiono, e nessuno per questo piange o ride. Davanti al fallimento di un uomo invece...

6 Commenti Condividi

SOLUZIONI ESERCIZI

Capitolo I

1• V: b, d, f; F: a, c, e • 2• hai ucciso, ho visto, hai cominciato, Sei stato, è successo, ho visto, avete parlato, sono andata • 3• Verso, senza, mai, niente, subito, un momento, Poi • 4• nella, su, con, all', nel, a, negli, Da, di, nella, di, delle

Capitolo II

1• V: c, d; F: a, b, e, f •
2• a. sopracciglio; b. occhio; c. naso; d. mento; e. capelli; f. orecchio; g. bocca; h. collo

Capitolo III

1• V: b, c, e; F: a, d • 2• dolore, morte, situazione, casa, gente, uomo, amico, quadro, prezzo, ora, cosa, padre • 3• a. Sono le cinque; b. Sono le undici; c. Sono le dieci; d. É mezzanotte/ mezzogiorno

Capitolo IV

1• V: b, d; F: a, c, e • 2• Caro Brighella, non La capisco: perché ha raccontato tutto a Colombina? Forse non sa che la ragazza dice che Lei è l'assassino di Pantalone: L'ha vista entrare nell'ufficio del banchiere poco prima delle undici e, secondo i medici, Pantalone è morto proprio tra le dieci e le undici. Un'altra cosa: Pantalone Le ha sicuramente prestato molti soldi e, normalmente, i debiti sono una buona ragione per uccidere. Insomma, Le voglio dire di stare attento: per ora tutti mi credono l'assassino ma, se Colombina comincia a parlare con la polizia, per Lei possono nascere molti problemi.
Cordialmente, Arlecchino

Capitolo V

1• V: b, d; F: a, c • 2• sono, riesco, danno, ho, vanno, può, sai, puoi • 3• ho pensato, ho ricordato, ha invitato, ha mostrato, abbiamo guardato, ha messo, ha chiuso, ha potuto • 4• Sua, Lei, L', mi, lo, lo, Lei

Capitolo VI

1• V: a, b; F: c, d • 2• troppo, tempo, fa, bene, poco, più, mese, Così, Questa • 3• ha impressionato, ha telefonato, ha chiesto, ha cercato, ha dato, sono arrivato, ho bussato, ha risposto, Ho aperto, sono entrato, ho trovato, ho capito, Ho avuto, ho preso, ho portato, sono tornato

Epilogo

1• V: b, d; F: a, c • 2• difficili, ricchi, belle, felici, lontani, grande, ricco, grandi, ricchi